2026
Appointment Diary

TO KNOW CHRIST AND TO MAKE HIM KNOWN

2026
Appointment Diary

☐ PERSONAL INFORMATION

Name		
Home Address		
Tel.	Mobile	E-Mail
Office		
Address		
Tel.	Fax	E-Mail
Personal ID No.		Blood Type
Bank Account No.		
Credit Card No.		
Car Reg. No.		Key No.
Driver's License No.		Renewal Date
Medical Insurance No.		

☐ FAMILY

Name	Birth Date	Note

2026 CALENDAR

1 JANUARY

Su	Mo	Tu	We	Th	Fr	Sa
				1	2	3
4	5	6	7	8	9	10
11	12	13	14	15	16	17
18	19	20	21	22	23	24
25	26	27	28	29	30	31

2 FEBRUARY

Su	Mo	Tu	We	Th	Fr	Sa
1	2	3	4	5	6	7
8	9	10	11	12	13	14
15	16	17	18	19	20	21
22	23	24	25	26	27	28

3 MARCH

Su	Mo	Tu	We	Th	Fr	Sa
1	2	3	4	5	6	7
8	9	10	11	12	13	14
15	16	17	18	19	20	21
22	23	24	25	26	27	28
29	30	31				

4 APRIL

Su	Mo	Tu	We	Th	Fr	Sa
			1	2	3	4
5	6	7	8	9	10	11
12	13	14	15	16	17	18
19	20	21	22	23	24	25
26	27	28	29	30		

5 MAY

Su	Mo	Tu	We	Th	Fr	Sa
					1	2
3	4	5	6	7	8	9
10	11	12	13	14	15	16
17	18	19	20	21	22	23
24/31	25	26	27	28	29	30

6 JUNE

Su	Mo	Tu	We	Th	Fr	Sa
	1	2	3	4	5	6
7	8	9	10	11	12	13
14	15	16	17	18	19	20
21	22	23	24	25	26	27
28	29	30				

7 JULY

Su	Mo	Tu	We	Th	Fr	Sa
			1	2	3	4
5	6	7	8	9	10	11
12	13	14	15	16	17	18
19	20	21	22	23	24	25
26	27	28	29	30	31	

8 AUGUST

Su	Mo	Tu	We	Th	Fr	Sa
						1
2	3	4	5	6	7	8
9	10	11	12	13	14	15
16	17	18	19	20	21	22
23/30	24/31	25	26	27	28	29

9 SEPTEMBER

Su	Mo	Tu	We	Th	Fr	Sa
		1	2	3	4	5
6	7	8	9	10	11	12
13	14	15	16	17	18	19
20	21	22	23	24	25	26
27	28	29	30			

10 OCTOBER

Su	Mo	Tu	We	Th	Fr	Sa
				1	2	3
4	5	6	7	8	9	10
11	12	13	14	15	16	17
18	19	20	21	22	23	24
25	26	27	28	29	30	31

11 NOVEMBER

Su	Mo	Tu	We	Th	Fr	Sa
1	2	3	4	5	6	7
8	9	10	11	12	13	14
15	16	17	18	19	20	21
22	23	24	25	26	27	28
29	30					

12 DECEMBER

Su	Mo	Tu	We	Th	Fr	Sa
		1	2	3	4	5
6	7	8	9	10	11	12
13	14	15	16	17	18	19
20	21	22	23	24	25	26
27	28	29	30	31		

Teach us to number our days aright, that we may gain a heart of wisdom. Psalm 90:12

2025 CALENDAR

1 January
Su	Mo	Tu	We	Th	Fr	Sa
			1	2	3	4
5	6	7	8	9	10	11
12	13	14	15	16	17	18
19	20	21	22	23	24	25
26	27	28	29	30	31	

2 February
Su	Mo	Tu	We	Th	Fr	Sa
						1
2	3	4	5	6	7	8
9	10	11	12	13	14	15
16	17	18	19	20	21	22
23	24	25	26	27	28	

3 March
Su	Mo	Tu	We	Th	Fr	Sa
						1
2	3	4	5	6	7	8
9	10	11	12	13	14	15
16	17	18	19	20	21	22
23/30	24/31	25	26	27	28	29

4 April
Su	Mo	Tu	We	Th	Fr	Sa
		1	2	3	4	5
6	7	8	9	10	11	12
13	14	15	16	17	18	19
20	21	22	23	24	25	26
27	28	29	30			

5 May
Su	Mo	Tu	We	Th	Fr	Sa
				1	2	3
4	5	6	7	8	9	10
11	12	13	14	15	16	17
18	19	20	21	22	23	24
25	26	27	28	29	30	31

6 June
Su	Mo	Tu	We	Th	Fr	Sa
1	2	3	4	5	6	7
8	9	10	11	12	13	14
15	16	17	18	19	20	21
22	23	24	25	26	27	28
29	30					

7 July
Su	Mo	Tu	We	Th	Fr	Sa
		1	2	3	4	5
6	7	8	9	10	11	12
13	14	15	16	17	18	19
20	21	22	23	24	25	26
27	28	29	30	31		

8 August
Su	Mo	Tu	We	Th	Fr	Sa
					1	2
3	4	5	6	7	8	9
10	11	12	13	14	15	16
17	18	19	20	21	22	23
24/31	25	26	27	28	29	30

9 September
Su	Mo	Tu	We	Th	Fr	Sa
	1	2	3	4	5	6
7	8	9	10	11	12	13
14	15	16	17	18	19	20
21	22	23	24	25	26	27
28	29	30				

10 October
Su	Mo	Tu	We	Th	Fr	Sa
			1	2	3	4
5	6	7	8	9	10	11
12	13	14	15	16	17	18
19	20	21	22	23	24	25
26	27	28	29	30	31	

11 November
Su	Mo	Tu	We	Th	Fr	Sa
						1
2	3	4	5	6	7	8
9	10	11	12	13	14	15
16	17	18	19	20	21	22
23/30	24	25	26	27	28	29

12 December
Su	Mo	Tu	We	Th	Fr	Sa
	1	2	3	4	5	6
7	8	9	10	11	12	13
14	15	16	17	18	19	20
21	22	23	24	25	26	27
28	29	30	31			

2027 CALENDAR

1 January
Su	Mo	Tu	We	Th	Fr	Sa
					1	2
3	4	5	6	7	8	9
10	11	12	13	14	15	16
17	18	19	20	21	22	23
24/31	25	26	27	28	29	30

2 February
Su	Mo	Tu	We	Th	Fr	Sa
	1	2	3	4	5	6
7	8	9	10	11	12	13
14	15	16	17	18	19	20
21	22	23	24	25	26	27
28						

3 March
Su	Mo	Tu	We	Th	Fr	Sa
	1	2	3	4	5	6
7	8	9	10	11	12	13
14	15	16	17	18	19	20
21	22	23	24	25	26	27
28	29	30	31			

4 April
Su	Mo	Tu	We	Th	Fr	Sa
				1	2	3
4	5	6	7	8	9	10
11	12	13	14	15	16	17
18	19	20	21	22	23	24
25	26	27	28	29	30	

5 May
Su	Mo	Tu	We	Th	Fr	Sa
						1
2	3	4	5	6	7	8
9	10	11	12	13	14	15
16	17	18	19	20	21	22
23/30	24/31	25	26	27	28	29

6 June
Su	Mo	Tu	We	Th	Fr	Sa
		1	2	3	4	5
6	7	8	9	10	11	12
13	14	15	16	17	18	19
20	21	22	23	24	25	26
27	28	29	30			

7 July
Su	Mo	Tu	We	Th	Fr	Sa
				1	2	3
4	5	6	7	8	9	10
11	12	13	14	15	16	17
18	19	20	21	22	23	24
25	26	27	28	29	30	31

8 August
Su	Mo	Tu	We	Th	Fr	Sa
1	2	3	4	5	6	7
8	9	10	11	12	13	14
15	16	17	18	19	20	21
22	23	24	25	26	27	28
29	30	31				

9 September
Su	Mo	Tu	We	Th	Fr	Sa
			1	2	3	4
5	6	7	8	9	10	11
12	13	14	15	16	17	18
19	20	21	22	23	24	25
26	27	28	29	30		

10 October
Su	Mo	Tu	We	Th	Fr	Sa
					1	2
3	4	5	6	7	8	9
10	11	12	13	14	15	16
17	18	19	20	21	22	23
24/31	25	26	27	28	29	30

11 November
Su	Mo	Tu	We	Th	Fr	Sa
	1	2	3	4	5	6
7	8	9	10	11	12	13
14	15	16	17	18	19	20
21	22	23	24	25	26	27
28	29	30				

12 December
Su	Mo	Tu	We	Th	Fr	Sa
			1	2	3	4
5	6	7	8	9	10	11
12	13	14	15	16	17	18
19	20	21	22	23	24	25
26	27	28	29	30	31	

2028 CALENDAR

1 January
Su	Mo	Tu	We	Th	Fr	Sa
						1
2	3	4	5	6	7	8
9	10	11	12	13	14	15
16	17	18	19	20	21	22
23/30	24/31	25	26	27	28	29

2 February
Su	Mo	Tu	We	Th	Fr	Sa
		1	2	3	4	5
6	7	8	9	10	11	12
13	14	15	16	17	18	19
20	21	22	23	24	25	26
27	28	29				

3 March
Su	Mo	Tu	We	Th	Fr	Sa
			1	2	3	4
5	6	7	8	9	10	11
12	13	14	15	16	17	18
19	20	21	22	23	24	25
26	27	28	29	30	31	

4 April
Su	Mo	Tu	We	Th	Fr	Sa
						1
2	3	4	5	6	7	8
9	10	11	12	13	14	15
16	17	18	19	20	21	22
23/30	24	25	26	27	28	29

5 May
Su	Mo	Tu	We	Th	Fr	Sa
	1	2	3	4	5	6
7	8	9	10	11	12	13
14	15	16	17	18	19	20
21	22	23	24	25	26	27
28	29	30	31			

6 June
Su	Mo	Tu	We	Th	Fr	Sa
				1	2	3
4	5	6	7	8	9	10
11	12	13	14	15	16	17
18	19	20	21	22	23	24
25	26	27	28	29	30	

7 July
Su	Mo	Tu	We	Th	Fr	Sa
						1
2	3	4	5	6	7	8
9	10	11	12	13	14	15
16	17	18	19	20	21	22
23/30	24/31	25	26	27	28	29

8 August
Su	Mo	Tu	We	Th	Fr	Sa
		1	2	3	4	5
6	7	8	9	10	11	12
13	14	15	16	17	18	19
20	21	22	23	24	25	26
27	28	29	30	31		

9 September
Su	Mo	Tu	We	Th	Fr	Sa
					1	2
3	4	5	6	7	8	9
10	11	12	13	14	15	16
17	18	19	20	21	22	23
24	25	26	27	28	29	30

10 October
Su	Mo	Tu	We	Th	Fr	Sa
1	2	3	4	5	6	7
8	9	10	11	12	13	14
15	16	17	18	19	20	21
22	23	24	25	26	27	28
29	30	31				

11 November
Su	Mo	Tu	We	Th	Fr	Sa
			1	2	3	4
5	6	7	8	9	10	11
12	13	14	15	16	17	18
19	20	21	22	23	24	25
26	27	28	29	30		

12 December
Su	Mo	Tu	We	Th	Fr	Sa
					1	2
3	4	5	6	7	8	9
10	11	12	13	14	15	16
17	18	19	20	21	22	23
24/31	25	26	27	28	29	30

YEAR AT A GLANCE 2026

	SUN	MON	TUE	WED	THU	FRI	SAT
JANUARY					1	2	3
	4	5	6	7	8	9	10
	11	12	13	14	15	16	17
	18	19	20	21	22	23	24
	25	26	27	28	29	30	31
FEBRUARY	1	2	3	4	5	6	7
	8	9	10	11	12	13	14
	15	16	17	18	19	20	21
	22	23	24	25	26	27	28
MARCH	1	2	3	4	5	6	7
	8	9	10	11	12	13	14
	15	16	17	18	19	20	21
	22	23	24	25	26	27	28
	29	30	31	1	2	3	4
APRIL	5	6	7	8	9	10	11
	12	13	14	15	16	17	18
	19	20	21	22	23	24	25
	26	27	28	29	30	1	2
MAY	3	4	5	6	7	8	9
	10	11	12	13	14	15	16
	17	18	19	20	21	22	23
	24	25	26	27	28	29	30
	31	1	2	3	4	5	6
JUNE	7	8	9	10	11	12	13
	14	15	16	17	18	19	20
	21	22	23	24	25	26	27
	28	29	30				

SUN	MON	TUE	WED	THU	FRI	SAT	
			1	2	3	4	JULY
5	6	7	8	9	10	11	
12	13	14	15	16	17	18	
19	20	21	22	23	24	25	
26	27	28	29	30	31	1	
2	3	4	5	6	7	8	AUGUST
9	10	11	12	13	14	15	
16	17	18	19	20	21	22	
23	24	25	26	27	28	29	
30	31	1	2	3	4	5	SEPTEMBER
6	7	8	9	10	11	12	
13	14	15	16	17	18	19	
20	21	22	23	24	25	26	
27	28	29	30	1	2	3	OCTOBER
4	5	6	7	8	9	10	
11	12	13	14	15	16	17	
18	19	20	21	22	23	24	
25	26	27	28	29	30	31	
1	2	3	4	5	6	7	NOVEMBER
8	9	10	11	12	13	14	
15	16	17	18	19	20	21	
22	23	24	25	26	27	28	
29	30	1	2	3	4	5	DECEMBER
6	7	8	9	10	11	12	
13	14	15	16	17	18	19	
20	21	22	23	24	25	26	
27	28	29	30	31			

YEAR AT A GLANCE 2027

	SUN	MON	TUE	WED	THU	FRI	SAT
JANUARY						1	2
	3	4	5	6	7	8	9
	10	11	12	13	14	15	16
	17	18	19	20	21	22	23
	24	25	26	27	28	29	30
FEBRUARY	31	1	2	3	4	5	6
	7	8	9	10	11	12	13
	14	15	16	17	18	19	20
	21	22	23	24	25	26	27
MARCH	28	1	2	3	4	5	6
	7	8	9	10	11	12	13
	14	15	16	17	18	19	20
	21	22	23	24	25	26	27
APRIL	28	29	30	31	1	2	3
	4	5	6	7	8	9	10
	11	12	13	14	15	16	17
	18	19	20	21	22	23	24
	25	26	27	28	29	30	1
MAY	2	3	4	5	6	7	8
	9	10	11	12	13	14	15
	16	17	18	19	20	21	22
	23	24	25	26	27	28	29
JUNE	30	31	1	2	3	4	5
	6	7	8	9	10	11	12
	13	14	15	16	17	18	19
	20	21	22	23	24	25	26
	27	28	29	30			

SUN	MON	TUE	WED	THU	FRI	SAT	
				1	2	3	
4	5	6	7	8	9	10	J U L Y
11	12	13	14	15	16	17	
18	19	20	21	22	23	24	
25	26	27	28	29	30	31	
1	2	3	4	5	6	7	A U G U S T
8	9	10	11	12	13	14	
15	16	17	18	19	20	21	
22	23	24	25	26	27	28	
29	30	31	1	2	3	4	S E P T E M B E R
5	6	7	8	9	10	11	
12	13	14	15	16	17	18	
19	20	21	22	23	24	25	
26	27	28	29	30	1	2	O C T O B E R
3	4	5	6	7	8	9	
10	11	12	13	14	15	16	
17	18	19	20	21	22	23	
24	25	26	27	28	29	30	
31	1	2	3	4	5	6	N O V E M B E R
7	8	9	10	11	12	13	
14	15	16	17	18	19	20	
21	22	23	24	25	26	27	
28	29	30	1	2	3	4	D E C E M B E R
5	6	7	8	9	10	11	
12	13	14	15	16	17	18	
19	20	21	22	23	24	25	
26	27	28	29	30	31		

YEAR AT A GLANCE 2028

	SUN	MON	TUE	WED	THU	FRI	SAT
							1
J A N U A R Y	2	3	4	5	6	7	8
	9	10	11	12	13	14	15
	16	17	18	19	20	21	22
	23	24	25	26	27	28	29
	30	31	1	2	3	4	5
F E B R U A R Y	6	7	8	9	10	11	12
	13	14	15	16	17	18	19
	20	21	22	23	24	25	26
	27	28	29	1	2	3	4
M A R C H	5	6	7	8	9	10	11
	12	13	14	15	16	17	18
	19	20	21	22	23	24	25
	26	27	28	29	30	31	1
A P R I L	2	3	4	5	6	7	8
	9	10	11	12	13	14	15
	16	17	18	19	20	21	22
	23	24	25	26	27	28	29
	30	1	2	3	4	5	6
M A Y	7	8	9	10	11	12	13
	14	15	16	17	18	19	20
	21	22	23	24	25	26	27
	28	29	30	31	1	2	3
J U N E	4	5	6	7	8	9	10
	11	12	13	14	15	16	17
	18	19	20	21	22	23	24
	25	26	27	28	29	30	

SUN	MON	TUE	WED	THU	FRI	SAT	
						1	
2	3	4	5	6	7	8	
9	10	11	12	13	14	15	JULY
16	17	18	19	20	21	22	
23	24	25	26	27	28	29	
30	31	1	2	3	4	5	
6	7	8	9	10	11	12	
13	14	15	16	17	18	19	AUGUST
20	21	22	23	24	25	26	
27	28	29	30	31	1	2	
3	4	5	6	7	8	9	
10	11	12	13	14	15	16	SEPTEMBER
17	18	19	20	21	22	23	
24	25	26	27	28	29	30	
1	2	3	4	5	6	7	
8	9	10	11	12	13	14	OCTOBER
15	16	17	18	19	20	21	
22	23	24	25	26	27	28	
29	30	31	1	2	3	4	
5	6	7	8	9	10	11	
12	13	14	15	16	17	18	NOVEMBER
19	20	21	22	23	24	25	
26	27	28	29	30	1	2	
3	4	5	6	7	8	9	
10	11	12	13	14	15	16	DECEMBER
17	18	19	20	21	22	23	
24/31	25	26	27	28	29	30	

☐ Objectives & Promise Word

■ Objectives

I press on toward the goal to win the prize for which God has called me heavenward in Christ Jesus.
Philippians 3:14

■ Promise Word

When you walk, they will guide you; when you sleep, they will watch over you;
when you awake, they will speak to you. Proverbs 6:22

☐ Bible Reading Record

The Old Testament

Genesis	1	2	3	4	5	6	7	8	9	10	11	12	13	14	15	16	17	18	19	20
	21	22	23	24	25	26	27	28	29	30	31	32	33	34	35	36	37	38	39	40
	41	42	43	44	45	46	47	48	49	50										
Exodus	1	2	3	4	5	6	7	8	9	10	11	12	13	14	15	16	17	18	19	20
	21	22	23	24	25	26	27	28	29	30	31	32	33	34	35	36	37	38	39	40
Leviticus	1	2	3	4	5	6	7	8	9	10	11	12	13	14	15	16	17	18	19	20
	21	22	23	24	25	26	27													
Numbers	1	2	3	4	5	6	7	8	9	10	11	12	13	14	15	16	17	18	19	20
	21	22	23	24	25	26	27	28	29	30	31	32	33	34	35	36					
Deuteronomy	1	2	3	4	5	6	7	8	9	10	11	12	13	14	15	16	17	18	19	20
	21	22	23	24	25	26	27	28	29	30	31	32	33	34							
Joshua	1	2	3	4	5	6	7	8	9	10	11	12	13	14	15	16	17	18	19	20
	21	22	23	24																
Judges	1	2	3	4	5	6	7	8	9	10	11	12	13	14	15	16	17	18	19	20
	21																			
Ruth	1	2	3	4																
1 Samuel	1	2	3	4	5	6	7	8	9	10	11	12	13	14	15	16	17	18	19	20
	21	22	23	24	25	26	27	28	29	30	31									
2 Samuel	1	2	3	4	5	6	7	8	9	10	11	12	13	14	15	16	17	18	19	20
	21	22	23	24																
1 Kings	1	2	3	4	5	6	7	8	9	10	11	12	13	14	15	16	17	18	19	20
	21	22																		
2 Kings	1	2	3	4	5	6	7	8	9	10	11	12	13	14	15	16	17	18	19	20
	21	22	23	24	25															
1 Chronicles	1	2	3	4	5	6	7	8	9	10	11	12	13	14	15	16	17	18	19	20
	21	22	23	24	25	26	27	28	29											
2 Chronicles	1	2	3	4	5	6	7	8	9	10	11	12	13	14	15	16	17	18	19	20
	21	22	23	24	25	26	27	28	29	30	31	32	33	34	35	36				
Ezra	1	2	3	4	5	6	7	8	9	10										
Nehemiah	1	2	3	4	5	6	7	8	9	10	11	12	13							
Esther	1	2	3	4	5	6	7	8	9	10										
Job	1	2	3	4	5	6	7	8	9	10	11	12	13	14	15	16	17	18	19	20
	21	22	23	24	25	26	27	28	29	30	31	32	33	34	35	36	37	38	39	40
	41	42																		
Psalms	1	2	3	4	5	6	7	8	9	10	11	12	13	14	15	16	17	18	19	20
	21	22	23	24	25	26	27	28	29	30	31	32	33	34	35	36	37	38	39	40
	41	42	43	44	45	46	47	48	49	50	51	52	53	54	55	56	57	58	59	60
	61	62	63	64	65	66	67	68	69	70	71	72	73	74	75	76	77	78	79	80
	81	82	83	84	85	86	87	88	89	90	91	92	93	94	95	96	97	98	99	100
	101	102	103	104	105	106	107	108	109	110	111	112	113	114	115	116	117	118	119	120
	121	122	123	124	125	126	127	128	129	130	131	132	133	134	135	136	137	138	139	140
	141	142	143	144	145	146	147	148	149	150										
Proverbs	1	2	3	4	5	6	7	8	9	10	11	12	13	14	15	16	17	18	19	20
	21	22	23	24	25	26	27	28	29	30	31									
Ecclesiastes	1	2	3	4	5	6	7	8	9	10	11	12								
Song of Songs	1	2	3	4	5	6	7	8												
Isaiah	1	2	3	4	5	6	7	8	9	10	11	12	13	14	15	16	17	18	19	20
	21	22	23	24	25	26	27	28	29	30	31	32	33	34	35	36	37	38	39	40
	41	42	43	44	45	46	47	48	49	50	51	52	53	54	55	56	57	58	59	60
	61	62	63	64	65	66														
Jeremiah	1	2	3	4	5	6	7	8	9	10	11	12	13	14	15	16	17	18	19	20
	21	22	23	24	25	26	27	28	29	30	31	32	33	34	35	36	37	38	39	40
	41	42	43	44	45	46	47	48	49	50	51	52								

Lamentations	1	2	3	4	5															
Ezekiel	1	2	3	4	5	6	7	8	9	10	11	12	13	14	15	16	17	18	19	20
	21	22	23	24	25	26	27	28	29	30	31	32	33	34	35	36	37	38	39	40
	41	42	43	44	45	46	47	48												
Daniel	1	2	3	4	5	6	7	8	9	10	11	12								
Hosea	1	2	3	4	5	6	7	8	9	10	11	12	13	14						
Joel	1	2	3																	
Amos	1	2	3	4	5	6	7	8	9											
Obadiah	1																			
Jonah	1	2	3	4																
Micah	1	2	3	4	5	6	7													
Nahum	1	2	3																	
Habakkuk	1	2	3																	
Zephaniah	1	2	3																	
Haggai	1	2																		
Zechariah	1	2	3	4	5	6	7	8	9	10	11	12	13	14						
Malachi	1	2	3	4																

"Now I commit you to God and to the word of his grace, which can build you up and give you an inheritance among all those who are sanctified." (Acts 20:32)

The New Testament

Matthew	1	2	3	4	5	6	7	8	9	10	11	12	13	14	15	16	17	18	19	20
	21	22	23	24	25	26	27	28												
Mark	1	2	3	4	5	6	7	8	9	10	11	12	13	14	15	16				
Luke	1	2	3	4	5	6	7	8	9	10	11	12	13	14	15	16	17	18	19	20
	21	22	23	24																
John	1	2	3	4	5	6	7	8	9	10	11	12	13	14	15	16	17	18	19	20
	21																			
Acts	1	2	3	4	5	6	7	8	9	10	11	12	13	14	15	16	17	18	19	20
	21	22	23	24	25	26	27	28												
Romans	1	2	3	4	5	6	7	8	9	10	11	12	13	14	15	16				
1 Corinthians	1	2	3	4	5	6	7	8	9	10	11	12	13	14	15	16				
2 Corinthians	1	2	3	4	5	6	7	8	9	10	11	12	13							
Galatians	1	2	3	4	5	6														
Ephesians	1	2	3	4	5	6														
Philippians	1	2	3	4																
Colossians	1	2	3	4																
1 Thessalonians	1	2	3	4	5															
2 Thessalonians	1	2	3																	
1 Timothy	1	2	3	4	5	6														
2 Timothy	1	2	3	4																
Titus	1	2	3																	
Philemon	1																			
Hebrews	1	2	3	4	5	6	7	8	9	10	11	12	13							
James	1	2	3	4	5															
1 Peter	1	2	3	4	5															
2 Peter	1	2	3																	
1 John	1	2	3	4	5															
2 John	1																			
3 John	1																			
Jude	1																			
Revelation	1	2	3	4	5	6	7	8	9	10	11	12	13	14	15	16	17	18	19	20
	21	22																		

JANUARY 2026

Monthly Plan

- Objectives

- Prayer List

- Do List

1

2026
January

Do List

SUN	MON	TUE
4	5	6
11	12	13
18	19 (12·1)	20
25	26	27

WED	THU	FRI	SAT
	1 New Year's Day	2	**3** (11-15)
7	8	9	10
14	15	16	17
21	22	23	24
28	29	30	31

12 / DEC 2025
S M T W T F S
　 1 2 3 4 5 6
7 8 9 10 11 12 13
14 15 16 17 18 19 20
21 22 23 24 25 26 27
28 29 30 31

2 / FEB
S M T W T F S
1 2 3 4 5 6 7
8 9 10 11 12 13 14
15 16 17 18 19 20 21
22 23 24 25 26 27 28

1
January
2026

	1/JAN
S M T W T F S	
				1 2 3
4 5 6 7 8 9 10
11 12 13 14 15 16 17
18 19 20 21 22 23 24
25 26 27 28 29 30 31

DATE	DIARY

12/DEC 2025	2/FEB
S M T W T F S	S M T W T F S
1 2 3 4 5 6	1 2 3 4 5 6 7
7 8 9 10 11 12 13	8 9 10 11 12 13 14
14 15 16 17 18 19 20	15 16 17 18 19 20 21
21 22 23 24 25 26 27	22 23 24 25 26 27 28
28 29 30 31	

DATE	DIARY

1 January
2026

1 / JAN

S	M	T	W	T	F	S
				1	2	3
4	5	6	7	8	9	10
11	12	13	14	15	16	17
18	19	20	21	22	23	24
25	26	27	28	29	30	31

DATE	DIARY

12 / DEC 2025							2 / FEB						
S	M	T	W	T	F	S	S	M	T	W	T	F	S
	1	2	3	4	5	6	1	2	3	4	5	6	7
7	8	9	10	11	12	13	8	9	10	11	12	13	14
14	15	16	17	18	19	20	15	16	17	18	19	20	21
21	22	23	24	25	26	27	22	23	24	25	26	27	28
28	29	30	31										

DATE	DIARY

- Memo

I have considered my ways and have turned my steps to your statutes. Psalm 119:59

- Monthly Review

2
FEBRUARY 2026

Monthly Plan

- Objectives

- Prayer List

- Do List

2

2026 February

Do List

SUN	MON	TUE
1	2 (12·15)	3
8	9	10
15	16	17 Sol-nal (Lunar New Year)
22	23	24

WED	THU	FRI	SAT
4	5	6	7
11	12	13	14
18	19	20	21
25	26	27	28

1 / JAN

S	M	T	W	T	F	S
				1	2	3
4	5	6	7	8	9	10
11	12	13	14	15	16	17
18	19	20	21	22	23	24
25	26	27	28	29	30	31

3 / MAR

S	M	T	W	T	F	S
1	2	3	4	5	6	7
8	9	10	11	12	13	14
15	16	17	18	19	20	21
22	23	24	25	26	27	28
29	30	31				

2 February
2026

2/FEB

S	M	T	W	T	F	S
1	2	3	4	5	6	7
8	9	10	11	12	13	14
15	16	17	18	19	20	21
22	23	24	25	26	27	28

DATE	DIARY

1 / JAN

S	M	T	W	T	F	S
				1	2	3
4	5	6	7	8	9	10
11	12	13	14	15	16	17
18	19	20	21	22	23	24
25	26	27	28	29	30	31

3 / MAR

S	M	T	W	T	F	S
1	2	3	4	5	6	7
8	9	10	11	12	13	14
15	16	17	18	19	20	21
22	23	24	25	26	27	28
29	30	31				

DATE	DIARY

2 February
2026

2/FEB
S	M	T	W	T	F	S
1	2	3	4	5	6	7
8	9	10	11	12	13	14
15	16	17	18	19	20	21
22	23	24	25	26	27	28

DATE	DIARY

1 / JAN	3 / MAR
S M T W T F S	S M T W T F S
1 2 3	1 2 3 4 5 6 7
4 5 6 7 8 9 10	8 9 10 11 12 13 14
11 12 13 14 15 16 17	15 16 17 18 19 20 21
18 19 20 21 22 23 24	22 23 24 25 26 27 28
25 26 27 28 29 30 31	29 30 31

DATE	DIARY

- Memo

I have considered my ways and have turned my steps to your statutes. Psalm 119:59

- Monthly Review

MARCH 2026

Monthly Plan

- Objectives

- Prayer List

- Do List

3

2026
March

Do List

SUN	MON	TUE
1 Independence Movement Day	2	3 (1·15)
8	9	10
15	16	17
22	23	24
29	30	31

WED	THU	FRI	SAT
4	5	6	7
11	12	13	14
18	19 (2·1)	20	21
25	26	27	28

```
      2 / FEB                    4 / APR
S  M  T  W  T  F  S      S  M  T  W  T  F  S
1  2  3  4  5  6  7                  1  2  3  4
8  9 10 11 12 13 14      5  6  7  8  9 10 11
15 16 17 18 19 20 21    12 13 14 15 16 17 18
22 23 24 25 26 27 28    19 20 21 22 23 24 25
                        26 27 28 29 30
```

3 March
2026

	3/MAR					
S	M	T	W	T	F	S
1	2	3	4	5	6	7
8	9	10	11	12	13	14
15	16	17	18	19	20	21
22	23	24	25	26	27	28
29	30	31				

DATE	DIARY

2/FEB							4/APR						
S	M	T	W	T	F	S	S	M	T	W	T	F	S
1	2	3	4	5	6	7				1	2	3	4
8	9	10	11	12	13	14	5	6	7	8	9	10	11
15	16	17	18	19	20	21	12	13	14	15	16	17	18
22	23	24	25	26	27	28	19	20	21	22	23	24	25
							26	27	28	29	30		

DATE	DIARY

3 March
2026

	3/MAR					
S	M	T	W	T	F	S
1	2	3	4	5	6	7
8	9	10	11	12	13	14
15	16	17	18	19	20	21
22	23	24	25	26	27	28
29	30	31				

DATE	DIARY

2/FEB	4/APR
S M T W T F S	S M T W T F S
1 2 3 4 5 6 7	1 2 3 4
8 9 10 11 12 13 14	5 6 7 8 9 10 11
15 16 17 18 19 20 21	12 13 14 15 16 17 18
22 23 24 25 26 27 28	19 20 21 22 23 24 25
	26 27 28 29 30

DATE	DIARY

- Memo

I have considered my ways and have turned my steps to your statutes. Psalm 119:59

- Monthly Review

4
APRIL 2026

Monthly Plan

- Objectives

- Prayer List

- Do List

4

2026
April

Do List

SUN	MON	TUE
5 Easter Day	6	7
12	13	14
19	20	21
26	27	28

WED	THU	FRI	SAT
1	2 (2·15)	3	4
8	9	10	11
15	16	17 (3·1)	18
22	23	24	25
29	30		

3 / MAR
S M T W T F S
1 2 3 4 5 6 7
8 9 10 11 12 13 14
15 16 17 18 19 20 21
22 23 24 25 26 27 28
29 30 31

5 / MAY
S M T W T F S
1 2
3 4 5 6 7 8 9
10 11 12 13 14 15 16
17 18 19 20 21 22 23
24/31 25 26 27 28 29 30

4
April
2026

4 / APR

S	M	T	W	T	F	S
			1	2	3	4
5	6	7	8	9	10	11
12	13	14	15	16	17	18
19	20	21	22	23	24	25
26	27	28	29	30		

DATE	DIARY

3 / MAR	5 / MAY
S M T W T F S	S M T W T F S
1 2 3 4 5 6 7	1 2
8 9 10 11 12 13 14	3 4 5 6 7 8 9
15 16 17 18 19 20 21	10 11 12 13 14 15 16
22 23 24 25 26 27 28	17 18 19 20 21 22 23
29 30 31	24/31 25 26 27 28 29 30

DATE	DIARY

4 April
2026

	4 / APR					
S	M	T	W	T	F	S
			1	2	3	4
5	6	7	8	9	10	11
12	13	14	15	16	17	18
19	20	21	22	23	24	25
26	27	28	29	30		

DATE	DIARY

3/MAR

S	M	T	W	T	F	S
1	2	3	4	5	6	7
8	9	10	11	12	13	14
15	16	17	18	19	20	21
22	23	24	25	26	27	28
29	30	31				

5/MAY

S	M	T	W	T	F	S
					1	2
3	4	5	6	7	8	9
10	11	12	13	14	15	16
17	18	19	20	21	22	23
24/31	25	26	27	28	29	30

DATE	DIARY

- Memo

I have considered my ways and have turned my steps to your statutes. Psalm 119:59

- Monthly Review

5
MAY 2026

Monthly Plan

- Objectives

- Prayer List

- Do List

5

2026
May

Do List

SUN	MON	TUE
3	4	5 Children's Day
10	11	12
17 (4·1)	18	19
24 (4·8)	25	26
31 (4·15)		

WED	THU	FRI	SAT
		1 (3·15)	**2**
6	**7**	**8**	**9**
13	**14**	**15**	**16**
20	**21**	**22**	**23**
27	**28**	**29**	**30**

4 / APR
S	M	T	W	T	F	S
			1	2	3	4
5	6	7	8	9	10	11
12	13	14	15	16	17	18
19	20	21	22	23	24	25
26	27	28	29	30		

6 / JUN
S	M	T	W	T	F	S
	1	2	3	4	5	6
7	8	9	10	11	12	13
14	15	16	17	18	19	20
21	22	23	24	25	26	27
28	29	30				

5 May
2026

	5/MAY
S M T W T F S
1 2
3 4 5 6 7 8 9
10 11 12 13 14 15 16
17 18 19 20 21 22 23
24/31 25 26 27 28 29 30

DATE	DIARY

4/APR							6/JUN						
S	M	T	W	T	F	S	S	M	T	W	T	F	S
			1	2	3	4		1	2	3	4	5	6
5	6	7	8	9	10	11	7	8	9	10	11	12	13
12	13	14	15	16	17	18	14	15	16	17	18	19	20
19	20	21	22	23	24	25	21	22	23	24	25	26	27
26	27	28	29	30			28	29	30				

DATE	DIARY

5 May
2026

5 / MAY
S M T W T F S
1 2
3 4 5 6 7 8 9
10 11 12 13 14 15 16
17 18 19 20 21 22 23
24/31 25 26 27 28 29 30

DATE	DIARY

4 / APR

S	M	T	W	T	F	S
				1	2	3	4
5	6	7	8	9	10	11
12	13	14	15	16	17	18
19	20	21	22	23	24	25
26	27	28	29	30

6 / JUN

S	M	T	W	T	F	S
	1	2	3	4	5	6
7	8	9	10	11	12	13
14	15	16	17	18	19	20
21	22	23	24	25	26	27
28	29	30

DATE	DIARY

- Memo

I have considered my ways and have turned my steps to your statutes. Psalm 119:59

- Monthly Review

JUNE 2026

Monthly Plan

- Objectives

- Prayer List

- Do List

6
2026
June

Do List

SUN	MON	TUE
	1	2
7	8	9
14	15 (5·1)	16
21	22	23
28	29 (5·15)	30

WED	THU	FRI	SAT
3	4	5	6 Memorial Day
10	11	12	13
17	18	19	20
24	25	26	27

5 / MAY

S	M	T	W	T	F	S
					1	2
3	4	5	6	7	8	9
10	11	12	13	14	15	16
17	18	19	20	21	22	23
24/31	25	26	27	28	29	30

7 / JUL

S	M	T	W	T	F	S
			1	2	3	4
5	6	7	8	9	10	11
12	13	14	15	16	17	18
19	20	21	22	23	24	25
26	27	28	29	30	31	

6
2026

June

| 6 / JUN |
| S M T W T F S |
| 1 2 3 4 5 6 |
| 7 8 9 10 11 12 13 |
| 14 15 16 17 18 19 20 |
| 21 22 23 24 25 26 27 |
| 28 29 30 |

DATE	DIARY

5/MAY	7/JUL
S M T W T F S	S M T W T F S
1 2	1 2 3 4
3 4 5 6 7 8 9	5 6 7 8 9 10 11
10 11 12 13 14 15 16	12 13 14 15 16 17 18
17 18 19 20 21 22 23	19 20 21 22 23 24 25
24/31 25 26 27 28 29 30	26 27 28 29 30 31

DATE	DIARY

6
2026

June

6 / JUN
S	M	T	W	T	F	S
	1	2	3	4	5	6
7	8	9	10	11	12	13
14	15	16	17	18	19	20
21	22	23	24	25	26	27
28	29	30				

DATE	DIARY

5/MAY

S	M	T	W	T	F	S
					1	2
3	4	5	6	7	8	9
10	11	12	13	14	15	16
17	18	19	20	21	22	23
24/31	25	26	27	28	29	30

7/JUL

S	M	T	W	T	F	S
			1	2	3	4
5	6	7	8	9	10	11
12	13	14	15	16	17	18
19	20	21	22	23	24	25
26	27	28	29	30	31	

DATE	DIARY

- Memo

I have considered my ways and have turned my steps to your statutes. Psalm 119:59

- Monthly Review

7
JULY 2026

◯ Monthly Plan

■ Objectives

■ Prayer List

■ Do List

7
2026
July

Do List

SUN	MON	TUE
5	6	7
12	13	**14** (6·1)
19	20	21
26	27	**28** (6·15)

WED	THU	FRI	SAT
1	2	3	4
8	9	10	11
15	16	17	18
22	23	24	25
29	30	31	

6 / JUN

S	M	T	W	T	F	S
	1	2	3	4	5	6
7	8	9	10	11	12	13
14	15	16	17	18	19	20
21	22	23	24	25	26	27
28	29	30				

8 / AUG

S	M	T	W	T	F	S
						1
2	3	4	5	6	7	8
9	10	11	12	13	14	15
16	17	18	19	20	21	22
23/30	24/31	25	26	27	28	29

7 July
2026

7 / JUL
S M T W T F S
1 2 3 4
5 6 7 8 9 10 11
12 13 14 15 16 17 18
19 20 21 22 23 24 25
26 27 28 29 30 31

DATE	DIARY

6/JUN

S	M	T	W	T	F	S
	1	2	3	4	5	6
7	8	9	10	11	12	13
14	15	16	17	18	19	20
21	22	23	24	25	26	27
28	29	30				

8/AUG

S	M	T	W	T	F	S
						1
2	3	4	5	6	7	8
9	10	11	12	13	14	15
16	17	18	19	20	21	22
23/30	24/31	25	26	27	28	29

DATE	DIARY

7
July
2026

| 7/JUL |
| S M T W T F S |
| 1 2 3 4 |
| 5 6 7 8 9 10 11 |
| 12 13 14 15 16 17 18 |
| 19 20 21 22 23 24 25 |
| 26 27 28 29 30 31 |

DATE	DIARY

6 / JUN	8 / AUG

```
        6 / JUN                  8 / AUG
   S  M  T  W  T  F  S      S  M  T  W  T  F  S
         1  2  3  4  5  6                        1
   7  8  9 10 11 12 13      2  3  4  5  6  7  8
  14 15 16 17 18 19 20      9 10 11 12 13 14 15
  21 22 23 24 25 26 27     16 17 18 19 20 21 22
  28 29 30                 23/30 24/31 25 26 27 28 29
```

DATE	DIARY

■ Memo

I have considered my ways and have turned my steps to your statutes. Psalm 119:59

■ Monthly Review

AUGUST 2026

Monthly Plan

- Objectives

- Prayer List

- Do List

8
2026
August

Do List

SUN	MON	TUE
2	3	4
9	10	11
16	17	18
23	24	25
30	31	

WED	THU	FRI	SAT
			1
5	6	7	8
12	13 (7·1)	14	15 Liberation Day
19	20	21	22
26	27 (7·15)	28	29

7 / JUL
S M T W T F S
　　　　1 2 3 4
5 6 7 8 9 10 11
12 13 14 15 16 17 18
19 20 21 22 23 24 25
26 27 28 29 30 31

9 / SEP
S M T W T F S
　　1 2 3 4 5
6 7 8 9 10 11 12
13 14 15 16 17 18 19
20 21 22 23 24 25 26
27 28 29 30

8 August
2026

DATE	DIARY

7 / JUL	9 / SEP
S M T W T F S	S M T W T F S
1 2 3 4	1 2 3 4 5
5 6 7 8 9 10 11	6 7 8 9 10 11 12
12 13 14 15 16 17 18	13 14 15 16 17 18 19
19 20 21 22 23 24 25	20 21 22 23 24 25 26
26 27 28 29 30 31	27 28 29 30

DATE	DIARY

8 August
2026

8 / AUG

S	M	T	W	T	F	S
						1
2	3	4	5	6	7	8
9	10	11	12	13	14	15
16	17	18	19	20	21	22
23/30	24/31	25	26	27	28	29

DATE	DIARY

7/JUL	9/SEP
S M T W T F S	S M T W T F S
1 2 3 4	1 2 3 4 5
5 6 7 8 9 10 11	6 7 8 9 10 11 12
12 13 14 15 16 17 18	13 14 15 16 17 18 19
19 20 21 22 23 24 25	20 21 22 23 24 25 26
26 27 28 29 30 31	27 28 29 30

DATE	DIARY

- Memo

I have considered my ways and have turned my steps to your statutes. Psalm 119:59

- Monthly Review

9
SEPTEMBER 2026

Monthly Plan

- Objectives

- Prayer List

- Do List

9

2026
September

Do List

SUN	MON	TUE
		1
6	7	8
13	14	15
20	21	22
27	28	29

WED	THU	FRI	SAT
2	3	4	5
9	10	11 (8·1)	12
16	17	18	19
23	24	25 Harvest Festival	26
30			

8 / AUG
S M T W T F S
　　　　　　 1
2 3 4 5 6 7 8
9 10 11 12 13 14 15
16 17 18 19 20 21 22
23 30 24 31 25 26 27 28 29

10 / OCT
S M T W T F S
　　　　　 1 2 3
4 5 6 7 8 9 10
11 12 13 14 15 16 17
18 19 20 21 22 23 24
25 26 27 28 29 30 31

9 September

2026

9/SEP						
S	M	T	W	T	F	S
		1	2	3	4	5
6	7	8	9	10	11	12
13	14	15	16	17	18	19
20	21	22	23	24	25	26
27	28	29	30			

DATE	DIARY

8/AUG	10/OCT
S M T W T F S	S M T W T F S
1	1 2 3
2 3 4 5 6 7 8	4 5 6 7 8 9 10
9 10 11 12 13 14 15	11 12 13 14 15 16 17
16 17 18 19 20 21 22	18 19 20 21 22 23 24
23/30 24/31 25 26 27 28 29	25 26 27 28 29 30 31

DATE	DIARY

9 September
2026

9/SEP						
S	M	T	W	T	F	S
		1	2	3	4	5
6	7	8	9	10	11	12
13	14	15	16	17	18	19
20	21	22	23	24	25	26
27	28	29	30			

DATE	DIARY

8/AUG	10/OCT
S M T W T F S	S M T W T F S
1	1 2 3
2 3 4 5 6 7 8	4 5 6 7 8 9 10
9 10 11 12 13 14 15	11 12 13 14 15 16 17
16 17 18 19 20 21 22	18 19 20 21 22 23 24
23 24 25 26 27 28 29	25 26 27 28 29 30 31
30 31	

DATE	DIARY

- Memo

I have considered my ways and have turned my steps to your statutes. Psalm 119:59

- Monthly Review

10
OCTOBER 2026

🔴 Monthly Plan

- **Objectives**

- **Prayer List**

- **Do List**

10

2026
October

Do List

SUN	MON	TUE
4	5	6
11 (9·1)	12	13
18	19	20
25 (9·15)	26	27

WED	THU	FRI	SAT
	1	2	**3** National Foundation Day
7	8	**9** Hangul Day	10
14	15	16	17
21	22	23	24
28	29	30	31

9 / SEP

S	M	T	W	T	F	S
		1	2	3	4	5
6	7	8	9	10	11	12
13	14	15	16	17	18	19
20	21	22	23	24	25	26
27	28	29	30			

11 / NOV

S	M	T	W	T	F	S
1	2	3	4	5	6	7
8	9	10	11	12	13	14
15	16	17	18	19	20	21
22	23	24	25	26	27	28
29	30					

10 October
2026

				10/OCT		
S	M	T	W	T	F	S
				1	2	3
4	5	6	7	8	9	10
11	12	13	14	15	16	17
18	19	20	21	22	23	24
25	26	27	28	29	30	31

DATE	DIARY

9 / SEP	11 / NOV
S M T W T F S	S M T W T F S
1 2 3 4 5	1 2 3 4 5 6 7
6 7 8 9 10 11 12	8 9 10 11 12 13 14
13 14 15 16 17 18 19	15 16 17 18 19 20 21
20 21 22 23 24 25 26	22 23 24 25 26 27 28
27 28 29 30	29 30

DATE	DIARY

10
2026
October

10 / OCT
S M T W T F S
1 2 3
4 5 6 7 8 9 10
11 12 13 14 15 16 17
18 19 20 21 22 23 24
25 26 27 28 29 30 31

DATE	DIARY

	9 / SEP		11 / NOV

9 / SEP	11 / NOV
S M T W T F S	S M T W T F S
1 2 3 4 5	1 2 3 4 5 6 7
6 7 8 9 10 11 12	8 9 10 11 12 13 14
13 14 15 16 17 18 19	15 16 17 18 19 20 21
20 21 22 23 24 25 26	22 23 24 25 26 27 28
27 28 29 30	29 30

DATE	DIARY

■ Memo

I have considered my ways and have turned my steps to your statutes. Psalm 119:59

■ Monthly Review

11
NOVEMBER 2026

⬤ Monthly Plan

- **Objectives**

- **Prayer List**

- **Do List**

11

2026
November

Do List

SUN	MON	TUE
1	2	3
8	9 (10-1)	10
15	16	17
22	23 (10-15)	24
29	30	

WED	THU	FRI	SAT
4	5	6	7
11	12	13	14
18	19	20	21
25	26	27	28

10 / OCT

S	M	T	W	T	F	S
				1	2	3
4	5	6	7	8	9	10
11	12	13	14	15	16	17
18	19	20	21	22	23	24
25	26	27	28	29	30	31

12 / DEC

S	M	T	W	T	F	S
		1	2	3	4	5
6	7	8	9	10	11	12
13	14	15	16	17	18	19
20	21	22	23	24	25	26
27	28	29	30	31		

11 November
2026

	11/NOV
S M T W T F S
1 2 3 4 5 6 7
8 9 10 11 12 13 14
15 16 17 18 19 20 21
22 23 24 25 26 27 28
29 30

DATE	DIARY

10/OCT

S	M	T	W	T	F	S
				1	2	3
4	5	6	7	8	9	10
11	12	13	14	15	16	17
18	19	20	21	22	23	24
25	26	27	28	29	30	31

12/DEC

S	M	T	W	T	F	S
		1	2	3	4	5
6	7	8	9	10	11	12
13	14	15	16	17	18	19
20	21	22	23	24	25	26
27	28	29	30	31		

DATE	DIARY

11 November
2026

11/NOV

S	M	T	W	T	F	S
						1
2	3	4	5	6	7	
8	9	10	11	12	13	14
15	16	17	18	19	20	21
22	23	24	25	26	27	28
29	30					

DATE	DIARY

10 / OCT	12 / DEC
S M T W T F S	S M T W T F S
1 2 3	1 2 3 4 5
4 5 6 7 8 9 10	6 7 8 9 10 11 12
11 12 13 14 15 16 17	13 14 15 16 17 18 19
18 19 20 21 22 23 24	20 21 22 23 24 25 26
25 26 27 28 29 30 31	27 28 29 30 31

DATE	DIARY

■ Memo

I have considered my ways and have turned my steps to your statutes. Psalm 119:59

■ Monthly Review

12
DECEMBER 2026

Monthly Plan

- **Objectives**

- **Prayer List**

- **Do List**

12
2026
December

Do List

SUN	MON	TUE
		1
6	7	8
13	14	15
20	21	22
27	28	29

WED	THU	FRI	SAT
2	3	4	5
9 (11·1)	10	11	12
16	17	18	19
23 (11·15)	24	25 Christmas	26
30	31		

11 / NOV

S	M	T	W	T	F	S
1	2	3	4	5	6	7
8	9	10	11	12	13	14
15	16	17	18	19	20	21
22	23	24	25	26	27	28
29	30					

1 / JAN 2027

S	M	T	W	T	F	S
					1	2
3	4	5	6	7	8	9
10	11	12	13	14	15	16
17	18	19	20	21	22	23
24/31	25	26	27	28	29	30

12 December
2026

12 / DEC
S M T W T F S
1 2 3 4 5
6 7 8 9 10 11 12
13 14 15 16 17 18 19
20 21 22 23 24 25 26
27 28 29 30 31

DATE	DIARY

	11/NOV							1/JAN 2027					
S	M	T	W	T	F	S	S	M	T	W	T	F	S
1	2	3	4	5	6	7						1	2
8	9	10	11	12	13	14	3	4	5	6	7	8	9
15	16	17	18	19	20	21	10	11	12	13	14	15	16
22	23	24	25	26	27	28	17	18	19	20	21	22	23
29	30						24/31	25	26	27	28	29	30

DATE	DIARY

12 December
2026

| 12 / DEC |
| S M T W T F S |
| 1 2 3 4 5 |
| 6 7 8 9 10 11 12 |
| 13 14 15 16 17 18 19 |
| 20 21 22 23 24 25 26 |
| 27 28 29 30 31 |

DATE	DIARY

11 / NOV	1 / JAN 2027
S M T W T F S	S M T W T F S
1 2 3 4 5 6 7	1 2
8 9 10 11 12 13 14	3 4 5 6 7 8 9
15 16 17 18 19 20 21	10 11 12 13 14 15 16
22 23 24 25 26 27 28	17 18 19 20 21 22 23
29 30	24/31 25 26 27 28 29 30

DATE	DIARY

- Memo

I have considered my ways and have turned my steps to your statutes. Psalm 119:59

- Monthly Review

Appendix

- Prayer Note
- Evangelism Record
- Phone / Address
- Check-Up A
- Check-Up B
- Memo
- Birthdays, Anniversaries, etc.
- Highlights in 2026
- 수레바퀴 예화
- 말씀의 손 예화
- V Hand 예화
- 주제별 성경암송 5구절 및 8구절
- 주제별 성경암송 60구절
- 주제별 성경암송 DEP 242구절
- 주제별 성경암송 180구절
- 그리스도인의 생활 연구(제1~6권)
- 간행물 일람표

Prayer Note

Date	Request	Answer

☐ Prayer Note

Date	Request	Answer

☐ Prayer Note

Date	Request	Answer

☐ Prayer Note

Date	Request	Answer

☐ Prayer Note

Date	Request	Answer

Evangelism Record

Date	Name	Result

☐ Evangelism Record

Date	Name	Result

☐ Evangelism Record

Date	Name	Result

Evangelism Record

Date	Name	Result

☐ Phone / Address

Name	Phone & Address	
	Tel	Mobile
	Address / E-mail	
	Tel	Mobile
	Address / E-mail	
	Tel	Mobile
	Address / E-mail	
	Tel	Mobile
	Address / E-mail	
	Tel	Mobile
	Address / E-mail	
	Tel	Mobile
	Address / E-mail	
	Tel	Mobile
	Address / E-mail	
	Tel	Mobile
	Address / E-mail	
	Tel	Mobile
	Address / E-mail	
	Tel	Mobile
	Address / E-mail	
	Tel	Mobile
	Address / E-mail	
	Tel	Mobile
	Address / E-mail	

DDD	서울-02	광명·과천-02	경기-031	인천·부천-032	강원-033	충남-041
	대전·계룡-042	충북-043	세종-044	부산-051	울산-052	대구·경산-053
	경북-054	경남-055	전남-061	광주-062	전북-063	제주-064

☐ Phone / Address

Name	Phone & Address	
	Tel	Mobile
	Address / E-mail	
	Tel	Mobile
	Address / E-mail	
	Tel	Mobile
	Address / E-mail	
	Tel	Mobile
	Address / E-mail	
	Tel	Mobile
	Address / E-mail	
	Tel	Mobile
	Address / E-mail	
	Tel	Mobile
	Address / E-mail	
	Tel	Mobile
	Address / E-mail	
	Tel	Mobile
	Address / E-mail	
	Tel	Mobile
	Address / E-mail	
	Tel	Mobile
	Address / E-mail	
	Tel	Mobile
	Address / E-mail	
	Tel	Mobile
	Address / E-mail	
	Tel	Mobile
	Address / E-mail	

Check-Up A

☐ Check-Up A

Check-Up B

Check-Up B

□ Memo

☐ Memo

☐ Birthdays, Anniversaries, etc.

Date	Comment

☐ Highlights in 2026

Date	Comment

□ 수레바퀴 예화

성령 충만한 승리의 삶의 비결은 무엇입니까? 그것은 곧 그리스도를 중심에 모시고 순종하며 사는 것입니다. 네 개의 살은 이러한 삶을 사는 데 필요한 네 가지 기본적인 요소를 보여 줍니다.

중심되신 그리스도	고린도후서 5:17, 갈라디아서 2:20, 요한복음 1:1,14
그리스도께 순종	로마서 12:1, 요한복음 14:21, 고린도전서 15:10
말　씀	디모데후서 3:16, 여호수아 1:8, 사도행전 20:32
기　도	요한복음 15:7, 빌립보서 4:6-7, 히브리서 4:16
교　제	마태복음 18:20, 히브리서 10:24-25, 빌립보서 1:7
증　거	마태복음 4:19, 로마서 1:16, 사도행전 20:24

□ 말씀의 손 예화

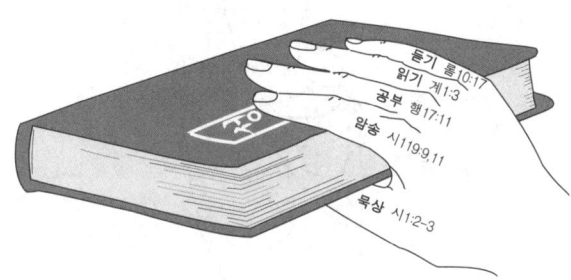

'말씀의 손'은 성경 말씀을 섭취하는 다섯 가지 방법을 보여 줍니다.

듣 기   영적 지도자들의 말씀을 들음으로써 새로운 깨달음을 얻을 뿐 아니라 더욱 말씀을 섭취하고자 하는 의욕이 생깁니다.

읽 기   말씀을 읽음으로써 성경 말씀에 대한 전체적인 이해를 얻게 됩니다. 성경 읽기 계획을 세워서 하면 도움이 됩니다.

공 부   성경 읽기가 말씀에 대한 전체적인 시야를 갖게 해준다면, 성경 공부는 말씀에 대한 깊이를 더해 줍니다.

암 송   암송해 둔 말씀은 사탄을 이기는 훌륭한 무기가 되며, 또한 전도와 양육에도 아주 유익합니다.

묵 상   묵상은 엄지손가락입니다. 이것은 다른 네 가지 방법과 결합해서 사용됩니다. 말씀을 묵상할 때 — 그 의미를 깊이 생각하고 삶에 적용할 때 — 말씀의 능력을 경험하게 됩니다.

□ V Hand 예화(승리의 삶)

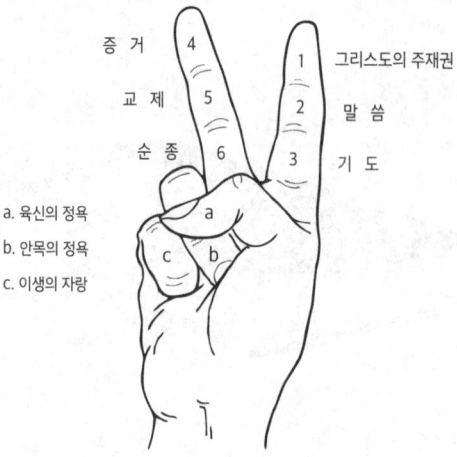

V Hand 예화는 그리스도인으로서 승리하는 삶을 사는 데 도움이 되는 성경의 진리들을 이해하고 활용하기 쉽게 보여 줍니다. V자로 펴져 있는 두 손가락을 최대로 힘차게 펴고, 동시에 육신의 정욕과 안목의 정욕과 이생의 자랑을 상징하는 세 손가락을 꽉 접을 때, 우리는 생명과 평강을 누리는, 확실한 승리의 삶을 살게 됩니다.

그리스도의 주재권 마태복음 6:33, 누가복음 9:23, 갈라디아서 2:20
말 씀 히브리서 4:12, 사도행전 20:32, 디모데후서 3:16, 여호수아 1:8
기 도 요한복음 15:7, 빌립보서 4:6-7, 요한복음 16:24
증 거 마태복음 4:19, 로마서 1:16, 베드로전서 3:15
교 제 마태복음 18:20, 히브리서 10:24-25, 요한일서 4:11, 요한일서 1:7
순 종 로마서 12:1, 요한복음 14:21

a. 육신의 정욕
b. 안목의 정욕   요한일서 2:15-16
c. 이생의 자랑

📕 주제별 성경암송 5구절 및 8구절

그리스도와의 새출발(5구절)

구원의 확신	요일 5:11-12
기도 응답의 확신	요 16:24
승리의 확신	고전 10:13
사죄의 확신	요일 1:9
인도의 확신	잠 3:5-6

그리스도와의 동행(8구절)

그리스도 안의 생활	요 15:5
하나님의 말씀에 의한 생활	행 20:32
하나님의 성령에 의한 생활	롬 8:14
믿음에 의한 생활	고후 5:7
사랑에 의한 생활	요일 4:11
그리스도인의 교제하는 생활	요일 1:7
증인으로서의 생활	벧전 3:15
후히 드리는 생활	고후 9:7

📕 주제별 성경암송 60구절

A. 새로운 삶

중심되신 그리스도	고후 5:17	갈 2:20
그리스도께 순종	롬 12:1	요 14:21
말　　씀	딤후 3:16	수 1:8
기　　도	요 15:7	빌 4:6-7
교　　제	마 18:20	히 10:24-25
증　　거	마 4:19	롬 1:16

B. 그리스도를 전파함

모든 사람이 죄를 범함	롬 3:23	사 53:6
죄의 형벌	롬 6:23	히 9:27
그리스도가 형벌을 받음	롬 5:8	벧전 3:18
선행으로 구원받지 못함	엡 2:8-9	딛 3:5
그리스도를 모셔야 함	요 1:12	계 3:20
구원의 확신	요일 5:13	요 5:24

C. 하나님을 의뢰함

성　령	고전 3:16	고전 2:12
능　력	사 41:10	빌 4:13
성　실	애 3:22-23	민 23:19
평　안	사 26:3	벧전 5:7
공　급	롬 8:32	빌 4:19
유혹에서 도우심	히 2:18	시 119:9,11

D. 그리스도 제자의 자격

그리스도를 첫자리에 모심	마 6:33	눅 9:23
죄에서 떠남	요일 2:15-16	롬 12:2
견고함	고전 15:58	히 12:3
다른 사람을 섬김	막 10:45	고후 4:5
후히 드릴 것	잠 3:9-10	고후 9:6-7
세계비전	행 1:8	마 28:19-20

E. 그리스도를 닮아 감

사　랑	요 13:34-35	요일 3:18
겸　손	빌 2:3-4	벧전 5:5-6
순　결	엡 5:3	벧전 2:11
정　직	레 19:11	행 24:16
믿　음	히 11:6	롬 4:20-21
선　행	갈 6:9-10	마 5:16

주제별 성경암송 DEP 242구절

I. 구원의 확신

1. 확신할 수 있음   고후 13:5   요일 5:11-12
2. 영생이 있음을 앎   요일 5:13   요 6:47
3. 죄 사함을 받음   엡 1:7   롬 8:1
4. 의롭게 됨   롬 3:24   롬 5:1
5. 그리스도 안에서 거듭남   벧전 1:3   딛 3:5
6. 하나님의 자녀가 됨   갈 3:26   롬 8:14
7. 믿는 자 안에 거하시는 성령   롬 8:9   요 14:16-17
8. 빼앗기지 않는 구원   요 10:28-29   롬 8:39
9. 말씀에 근거한 확신   벧전 1:23   엡 1:13

II. Quiet Time

1. 왜 Quiet Time을 가져야 하는가?
   1) 하나님이 교제를 원하심   고전 1:9   사 30:18
   2) 하나님의 명령   사 55:6   시 27:8
   3) 축복의 약속   요 15:5   시 34:10
   4) 하나님의 뜻을 알고 행하기 위해   합 2:1   시 143:8,10

2. Quiet Time이란 무엇인가?
   1) 주님을 바라보는 것   히 12:2   시 42:11
   2) 갈급함으로 주님께 나아가는 것   시 42:1   시 130:5-6
   3) 우리 짐을 주님께 맡기는 것   시 55:22   시 68:19
   4) 주님께 피하고 쉬는 것   시 91:9-10   마 11:28-29
   5) 말씀과 기도로 주님과 교제하는 것   시 119:147-148   시 5:3
   6) 주님을 예배하는 것   시 95:6   히 13:15
   7) 매일의 만족을 얻는 것   시 90:14   시 107:9

3. Quiet Time의 본
   1) 하루의 첫 시간에 기도하신 예수님   막 1:35
   2) 친밀한 교제를 가진 모세   출 33:11
   3) 생명보다 귀히 여긴 다니엘   단 6:10
   4) 주님과 함께함으로 깨달음을 얻은 제자들   막 4:34

III. 말 씀

1. 말씀의 권위
   1) 하나님의 감동으로 된 말씀   딤후 3:16   벧후 1:21
   2) 영원 불변한 말씀   마 24:35   벧전 1:24-25
   3) 진리의 말씀   요 17:17   삼하 7:28
   4) 능력의 말씀   렘 23:29   딤후 2:9
   5) 예수님도 말씀에 권위를 두심   마 4:4   눅 24:27

2. 말씀의 가치
   1) 거듭나게 함   벧전 1:23   약 1:18
   2) 성장하게 함   벧전 2:2   행 20:32
   3) 인도해 주심   시 119:105   잠 6:22-23
   4) 문제를 해결해 주심   시 107:20   마 8:8
   5) 기쁨과 즐거움이 됨   렘 15:16   시 119:111
   6) 영적 무기가 됨   엡 6:17   히 4:12

3. 말씀에 대한 태도
   1) 날마다 말씀을 상고함   행 17:11
   2) 종일 말씀을 묵상함   시 119:97
   3) 말씀을 행하고 가르침   스 7:10
   4) 일정한 음식보다 말씀을 더 귀히 여김   욥 23:12
   5) 말씀을 믿고 순종함   눅 5:5-6

4. 말씀의 섭취 방법(말씀의 손 예화)
   1) 듣 기   롬 10:17   눅 11:28
   2) 읽 기   계 1:3   신 17:19
   3) 공 부   행 17:11   딤후 2:15
   4) 암 송   신 6:6   잠 7:1-3
   5) 묵 상   시 1:1-2   수 1:8

IV. 기 도

1. 기도의 명령
   1) 쉬지 말고 기도할 것   살전 5:17
   2) 기도를 힘쓸 것   골 4:2
   3) 깨어 기도할 것   벧전 4:7
   4) 모든 사람을 위하여 기도할 것   딤전 2:1-2

2. 기도의 약속과 축복
   1) 응답의 약속   요 14:13-14
   2) 넘치는 응답   엡 3:20
   3) 하나님의 뜻을 알게 됨   렘 33:3
   4) 지혜를 주심   약 1:5
   5) 두려움에서 건져 주심   시 34:4
   6) 환난에서 건져 주심   시 50:15
   7) 담대함을 주심   행 4:31
   8) 전도의 기회를 주심   골 4:3

3. 응답받는 기도의 조건
   1) 예수님의 이름으로 기도할 것   요 16:24
   2) 믿음으로 기도할 것   마 21:22

□ 주제별 성경암송 DEP 242구절

3) 성령을 의뢰함으로 기도할 것	엡 6:18
하나님의 뜻대로 기도할 것	요일 5:14-15
5) 죄를 자백하고 버릴 것	시 66:18
6) 순종할 것	요일 3:22
7) 합심하여 기도할 것	마 18:19
8) 적극적으로 기도할 것	마 7:7-8
9) 전심으로 부르짖을 것	렘 29:12-13
10) 약속을 주장하며 기도할 것	느 1:9

4. 기도의 본
1) 모험적인 기도	단 6:10
2) 우선순위를 둔 기도	눅 5:15-16
3) 밤을 새워 한 기도	눅 6:12
4) 간절한 기도	약 5:17-18
5) 곤경 중의 기도	행 16:25

5. 기도의 손 예화
1) 찬 양	대상 29:11-13	
2) 중 보	딤전 2:1-2	
3) 감 사	살전 5:18	
4) 자 백	요일 1:9	
5) 간 구	빌 4:6-7	

V. 교 제

1. 교제의 기초
1) 그리스도의 보혈	엡 2:13	골 1:20
2) 하나님-성부, 성자, 성령	요일 1:3	고후 13:13

2. 교제의 중요성
1) 함께하심의 약속	마 18:20
2) 복을 명하심	시 133:1-3
3) 죄로부터 보호됨	히 3:13
4) 서로 일으켜 줌	전 4:9-10
5) 경건한 삶을 훈련함	딤후 2:22
6) 인격을 계발함	잠 27:17,19
7) 지혜를 얻음	잠 13:20
8) 성장케 됨	엡 4:13
9) 사역의 열매를 맺음	행 2:42,47

3. 교제의 요소
1) 복음 중심의 삶에 드려짐	빌 1:5,27
2) 사랑과 선행을 격려함	히 10:24-25
3) 필요를 채워 줌	고후 8:3-4
4) 그리스도의 고난에 동참함	벧전 4:13
5) 서로의 짐을 짐	갈 6:2

4. 교제의 태도
1) 마음을 같이할 것	빌 2:1-2
2) 겸손할 것	빌 2:3-4
3) 마음을 넓힐 것	고후 6:12-13
4) 피차 복종할 것	엡 5:21
5) 비교하지 말 것	막 9:34-35
6) 쓴 뿌리를 갖지 말 것	히 12:15
7) 열매 없는 일에서 떠날 것	엡 5:11
8) 자기 일에 얽매이지 말 것	딤후 2:4

5. 교제에서의 문제 해결
1) 성도와의 관계	마 5:23-24	마 18:15
2) 하나님과의 관계	요일 1:9	잠 28:13

VI. 증 거

1. 전도는 누구의 책임인가?
1) 모든 그리스도인	행 1:8	고후 5:18-19

2. 왜 전도를 해야 하나?
1) 하나님의 명령	딤후 4:1-2
2) 잃어버린 자에 대한 사랑	눅 19:10
3) 복음 전할 부탁을 받음	살전 2:4
4) 부득불 할 일이므로	고전 9:16
5) 전파해야 믿게 되므로	롬 10:14
6) 모든 사람이 구원받길 원하시므로	딤전 2:4
7) 사람을 가장 아끼시므로	욘 4:10-11
8) 죄인 하나의 회개를 기뻐하시므로	눅 15:7
9) 주 안에서의 축복된 교제를 위해	요일 1:3
10) 영원한 영광이 있음	단 12:3

3. 어떻게 전도하나?
1) 먼저 주님을 따를 것	마 4:19
2) 선한 간증의 삶을 살 것	빌 2:15-16
3) 기도할 것	엡 6:19
4) 대답할 것을 예비할 것	벧전 3:15
5) 간증을 사용할 것	요 4:39
6) 말씀의 능력을 믿고 전할 것	히 4:12
7) 말씀의 결과를 믿고 전할 것	사 55:11
8) 전도의 초점을 예수님께 둘 것	고전 1:23-24
9) 능력과 확신으로 전할 것	살전 1:5

주제별 성경암송 DEP 242구절

10) 영접하도록 도울 것 — 롬 10:9-10
11) 미루지 않도록 도울 것 — 고후 6:2
12) 구원을 확증토록 할 것 — 고후 13:5
13) 전도 성경공부를 할 것 — 행 17:2-3

4. 전도의 모범
  1) 바울 — 행 20:24
  2) 빌립 — 행 8:29-30
  3) 베드로와 요한 — 행 4:20

5. 다리 예화
  1) 하나님의 형상으로 지음받음 — 창 1:27
  2) 죄로 인해 하나님과 분리됨 — 사 59:1-2
  3) 인간의 상태
    (1) 죄인 — 롬 5:12   롬 3:23
    (2) 심판 — 히 9:27   살후 1:8-9
    (3) 사망 — 롬 6:23   계 21:8
  4) 인간의 힘으로 구원받지 못함
    (1) 행위 — 엡 2:8-9   갈 2:21
    (2) 종교 — 행 4:12
    (3) 돈 — 벧전 1:18
    (4) 신비의 체험 — 고전 1:22-23
    (5) 지혜 — 고전 1:21
    (6) 학문과 전통 — 골 2:8
    (7) 혈통 — 요 1:13
    (8) 육은 무익함 — 요 3:6-7   요 6:63
  5) 하나님의 해결
    (1) 하나님께로 인도하는 다리 — 벧전 3:18
    (2) 독생자를 주심 — 요 3:16
    (3) 죄를 위해 죽으심 — 롬 5:8
    (4) 부활하심 — 고전 15:3-4
    (5) 모든 죄를 사하심 — 골 2:13
  6) 인간의 책임
    (1) 듣고 믿어야 함 — 요 5:24
    (2) 영접해야 함 — 요 1:12   계 3:20
    (3) 영접 기도 — 롬 10:9-10

VII. 그리스도의 주재권

1. 주재권을 인정해야 함
  1) 창조의 주 되신 그리스도 — 요 1:2-3
  2) 만물의 주 되신 그리스도 — 골 1:16-17
  3) 교회의 머리 되신 그리스도 — 골 1:18
  4) 모든 권세 위에 뛰어나신 그리스도 — 엡 1:21
  5) 모든 사람의 주님 되신 그리스도 — 빌 2:10-11
  6) 산 자와 죽은 자의 주님 되심 — 롬 14:9
  7) 피 값으로 우리를 사심 — 고전 6:19-20
  8) 헌신의 결단을 할 것 — 고후 5:15

2. 주재권을 인정할 때의 축복
  1) 필요를 채워 주심 — 마 6:33
  2) 넘치는 보상 — 막 10:29-30
  3) 약속을 주심 — 창 22:16-17
  4) 함께해 주심 — 대상 28:9
  5) 능력을 베푸심 — 대하 16:9상
  6) 보호해 주심 — 시 91:14
  7) 귀히 여겨 주심 — 삼상 2:30하

3. 주재권을 인정할 영역
  1) 자기 자신 — 눅 9:23
  2) 대인 관계 — 잠 16:7
  3) 장래 진로 — 잠 3:5-6
  4) 세상 욕심 — 엡 4:22-24
  5) 정욕 — 딤후 2:22
  6) 재물 — 딤전 6:7-9
  7) 시간 사용 — 엡 5:15-16
  8) 부르심 — 막 1:20

4. 주재권을 인정한 삶의 모범
  1) 바울 — 빌 1:20
  2) 디모데 — 빌 2:21-22
  3) 믿음의 용사들 — 히 11:36-38상

VIII. 세계 비전

1. 세계를 위한 하나님의 관심과 약속 — 창 12:2-3   사 49:6
2. 지상사명 — 마 28:19-20 행 1:8
3. 선교에 헌신할 것 — 사 6:8   롬 15:16
4. 세계를 위해 기도할 것 — 시 2:8   시 57:5
5. 전도할 것 — 딛 1:2-3   딤후 4:17
6. 성장을 도울 것 — 골 1:28-29 빌 1:9-11
7. 영적 배가를 할 것 — 딤후 2:2   사 60:22
8. 단순한 삶과 전심의 삶을 살 것 — 히 12:1   대하 16:9상
9. 약속 성취의 영광 — 합 2:14   말 1:11

□ 주제별 성경암송 180구절

시리즈 1. 하나님을 알아감

1. 예수 그리스도
   1) 예수님의 신성　　　　요 1:1,14　　히 1:8
   2) 예수님의 인성　　　　히 4:15　　　눅 2:52
   3) 예수님의 부활　　　　고전 15:3-4　고전 15:20
   4) 예수님은 하나님을 나타내심　히 1:3
   5) 구속자이신 예수님　　눅 19:10　　벧전 1:18-19
   6) 예수님의 재림　　　　살전 4:16-17　요일 3:2-3

2. 성령
   1) 증거하시는 성령　　　요 16:13-14　고전 12:3
   2) 내주하시는 성령　　　롬 8:9　　　갈 4:6
   3) 통치하시는 성령　　　엡 5:18　　　갈 5:16
   4) 계시하시는 성령　　　고전 2:9-10　요 14:26
   5) 능력을 주시는 성령　　고전 2:4-5　　살전 1:5
   6) 은사를 주시는 성령　　고전 12:11　　고전 12:4-6

3. 하나님
   1) 능력　　　　　　렘 32:17
   2) 지혜　　　　　　롬 11:33
   3) 임재　　　　　　렘 23:24
   4) 은혜　　　　　　고후 9:8
   5) 영광　　　　　　대상 29:11-13
   6) 성실　　　　　　살후 3:3
   7) 영이심　　　　　요 4:24
   8) 거룩하심　　　　벧전 1:15-16
   9) 광대하심　　　　시 145:3
   10) 사랑　　　　　 요일 4:10
   11) 긍휼　　　　　 시 86:15
   12) 절대주권　　　 롬 8:28

시리즈 2. 사랑 안에서 자라감

1. 사랑으로 말함
   1) 진실을 말함　　　　　엡 4:15　　　골 3:9
   2) 험담을 피함　　　　　잠 17:9　　　잠 11:13
   3) 은혜스럽게 말함　　　골 4:4-6　　 잠 15:1
   4) 죄를 시인함　　　　　약 5:16　　　마 5:23-24
   5) 경청함　　　　　　　약 1:19　　　잠 18:13
   6) 책망을 받아들임　　　잠 9:8-9　　 마 18:15

2. 사랑으로 대함
   1) 다른 사람을 용서함　　엡 4:32　　　골 3:13
   2) 오래 참음　　　　　　엡 4:2　　　딤후 2:24-25
   3) 분노를 다스림　　　　엡 4:26　　　잠 3:8
   4) 악의를 버림　　　　　히 12:15　　 엡 4:31
   5) 억울한 일을 참음　　　벧전 2:20-21　롬 12:19
   6) 시기심을 버림　　　　잠 27:4　　　약 3:16

3. 사랑으로 행함
   1) 화목한 생활　　　　　롬 15:5-6　　고전 1:10
   2) 다른 사람을 섬김　　　마 20:26-27　갈 5:13
   3) 남을 먼저 생각함　　　롬 15:2　　　빌 2:3-4
   4) 서로 격려함　　　　　살전 5:11　　전 4:9-10
   5) 불쌍히 여김　　　　　마 9:36　　　롬 12:15
   6) 온유하게 대함　　　　약 3:17　　　갈 6:1

시리즈 3. 믿음 안에서 자라감

1. 약속
   1) 약속의 중요성　　　　벧후 1:3-4　　고후 1:20
   2) 선교를 위한 약속들　　고후 1:3-4　　고전 3:7-8
   3) 열매맺는 삶을 위한 약속들　시 1:2-3　　벧후 1:8
   4) 고난 중 도우심을 위한 약속들　벧전 5:10　고후 12:9
   5) 공급을 위한 약속들　　엡 1:3　　　시 37:4-5
   6) 용서에 대한 약속들　　요일 2:1-2　　시 103:12

2. 말씀
   1) 능력　　　　　　히 4:12　　　사 55:10-11
   2) 영감　　　　　　벧후 1:20-21　살전 2:13
   3) 영양　　　　　　렘 15:16　　　욥 23:12
   4) 알아야 함　　　 행 17:11　　　요 5:39-40
   5) 순종해야 함　　 요 8:31-32　　마 4:4
   6) 확실성　　　　　마 24:35　　　요 17:17

3. 믿음
   1) 믿음의 시련　　 벧전 1:6-7　　약 1:2-4
   2) 불신의 결과　　 히 4:2　　　 히 10:38
   3) 믿음의 투쟁　　 엡 6:16　　　딤전 6:11-12
   4) 믿음의 근원　　 히 11:1　　　롬 10:17
   5) 행하는 믿음　　 히 6:12　　　약 2:17
   6) 믿음으로 의롭게 됨　갈 2:16　　　롬 5:1

시리즈 4. 승리 안에서 행함

1. 승리
   1) 그리스도 안에 있는 승리　고전 15:57　고후 2:14
   2) 승리의 무기　　　　　고후 10:4-5　엡 6:10-11
   3) 마귀를 이김　　　　　계 12:11　　약 4:7-8
   4) 육신을 이김　　　　　롬 8:5-6　　롬 13:14
   5) 세상을 이김　　　　　요일 4:4　　요일 5:4-5
   6) 죄를 이김　　　　　　시 37:31　　롬 6:12-13

2. 순결
   1) 생각　　　　　　빌 4:8　　　 딛 1:15
   2) 마음　　　　　　눅 6:45　　　잠 4:23
   3) 눈　　　　　　　마 6:22　　　마 5:28
   4) 몸　　　　　　　살전 4:3　　 고전 6:13
   5) 말　　　　　　　엡 4:29　　　마 12:36-37
   6) 행동　　　　　　살전 5:22　　딤전 5:1-2

3. 기도
   1) 구하고 행하라　　　　마 21:22　　 마 7:7-8
   2) 은밀한 기도　　　　　마 6:6　　　막 1:35

📕 주제별 성경암송 180구절

   3) 하나님의 응답 — 렘 33:3
   4) 그의 뜻대로 기도함 — 요일 5:14-15 실전 5:17-18
   5) 중보의 기도 — 삼상 12:23 마 9:37-38
   6) 찬양 — 히 13:15 시 146:1-2

시리즈 5. 그리스도를 증거함

1. 전도
1) 모든 사람에게 전파함 — 골 1:27-28
2) 하나님의 사신이 됨 — 고후 5:19-20
3) 하나님을 기쁘시게 함 — 살전 2:4
4) 모든 사람을 섬김 — 고전 9:19
5) 시기를 분별함 — 요 4:35
6) 생명을 나눔 — 살전 2:8
7) 죄의 실재 — 롬 3:10-12
8) 죄의 결말 — 살후 1:8-9
9) 그리스도께서 값을 치르심 — 벧전 2:24
10) 선물로 주신 구원 — 딤후 1:9
11) 믿고 영접함 — 롬 10:9-10
12) 구원의 확신 — 요 10:28-29

2. 변명
1) 나는 그렇게 나쁜 사람이 아니다 — 잠 21:2
2) 포기할 게 너무 많다 — 막 8:36
3) 이해할 수 없다 — 요 7:17
4) 나는 아직 그렇게 선하지는 못하나 — 눅 5:31-32
5) 사람들이 어떻게 생각할까 — 요 5:44
6) 나는 지속하지 못할 것이다 — 히 7:25
7) 좀더 기다려 보겠다 — 잠 27:1
8) 위선자가 너무 많다 — 롬 14:12
9) 그리스도를 믿을 수 없다 — 요 5:39
10) 다른 종교는 어떠한가 — 잠 14:12
11) 하나님은 아무도 지옥에 보내지 않을 것이다 — 마 25:41
12) 이교도들은 어떻게 되나 — 롬 1:20

3. 그리스도 안에 있는 신자의 위치
1) 구속 받음 — 벧전 1:18-19
2) 화목하게 됨 — 고후 5:18
3) 사함 받음 — 엡 1:7
4) 율법에서 해방됨 — 롬 6:14-15
5) 하나님께로 남 — 갈 3:26
6) 제사장이 됨 — 벧전 2:9
7) 의롭게 됨 — 고후 5:21
8) 거룩하게 됨 — 고전 1:30
9) 완전하게 됨 — 히 10:14
10) 의롭다 하심 — 롬 3:24
11) 천국 시민이 됨 — 빌 3:20
12) 온전하게 됨 — 골 2:9-10

📕 그리스도인의 생활 연구(제1-6권)

제1권 그리스도 안에 있는 새생명 — 요일 5:11-12

1. 예수 그리스도는 누구십니까 — 마 16:16
- 예수님의 인성 — 눅 2:52 히 4:15
- 예수님의 신성 — 요 1:1,14 마 28:18

2. 예수 그리스도께서 하신 일 — 고전 15:3-4
- 우리 죄를 위해 죽으심 — 사 53:5-6 벧전 2:24
- 부활하심 — 고전 15:20 롬 1:4
- 승천하심 — 요 14:2 행 1:9-11

3. 그리스도 안에 있는 영생 — 요 5:24
- 영생의 근원은 무엇입니까 — 요 14:6 요 17:3
- 영생을 얻는 방법 — 요 1:12 계 3:20
- 영생을 소유한 것을 우리가 알 수 있습니까 — 요 10:28-29 요일 5:13
- 요약 — 요 3:16

제2권 그리스도와의 교제 — 고전 1:9

1. 새 생활 — 엡 4:22-24
- 옛 생활 — 엡 2:1-3 엡 4:18
- 새 창조 — 고후 5:17 벧후 1:3-4
- 유혹은 반드시 온다 — 고전 10:13 약 1:13-14
- 당신은 승리할 수 있다 — 고전 15:57 약 4:7
- 죄의 자백은 하나님과의 교제를 회복시킨다 — 요일 1:9 잠 28:13

2. 그리스도의 주재권 — 롬 14:9
- 만유의 주 — 골 1:18 빌 2:9-11
- 결심함으로 그리스도를 주님으로 삼자 — 빌 3:8 고전 6:19-20
- 실천함으로 그리스도를 주님으로 삼자 — 눅 6:46 눅 9:23

3. 주님과의 교제 — 시 27:8
- 성경 말씀을 통한 주님과의 교제 — 요 5:39 눅 24:32
- 기도를 통한 주님과의 교제 — 엡 3:12 히 4:16
- 매일 주님과 만날 약속 — 막 1:35 시 5:3

4. 그리스도를 증거함 — 행 4:20
- 도전 — 롬 1:16 행 22:15
- 생활로 증거함 — 마 5:16 빌 2:15
- 말로 증거함 — 벧전 3:15 요 9:25
- 바울의 간증 — 행 26:1-23
- 당신의 간증 — 엡 6:17
- 마지막 몇 가지 제안 — 딤후 2:23 행 4:29

제3권 그리스도와의 동행 — 요 15:5

1. 교회 — 엡 1:23
- 교회-그리스도의 몸 — 롬 12:4-5 행 20:28
- 지역 교회 — 행 2:42 고전 1:10
- 목사 — 렘 3:15 벧전 5:2-4
- 우리의 책임 — 엡 4:2-3 히 13:7

그리스도인의 생활 연구 (제1-6권)

2. 성경이란 무엇인가
- 성경은 누구의 말씀인가
- 성경의 가치는 무엇인가
- 구약
- 신약

요 5:39-40
벧후 1:20-21 렘 30:1-2
시 119:105 시 119:165
롬 15:4 잠 13:13
행 20:31 요 12:48

3. 당신의 삶에 미치는 하나님의 말씀
- 하나님의 말씀의 능력
- 하나님의 말씀을 통한 구원
- 하나님의 말씀을 통한 축복과 성장
- 말씀을 들을 것
- 말씀을 읽을 것
- 말씀을 공부할 것
- 말씀을 암송할 것
- 말씀을 묵상할 것

딤후 3:16
고후 8:31-32 히 4:12
딤후 3:15 벧전 1:23
행 20:32 벧후 3:18
롬 10:17 눅 8:15
계 1:3 신 17:19
행 17:11 딤후 2:15
시 119:9,11 시 40:8
시 1:2-3 수 1:8

4. 기도의 원리
- 기도의 약속과 명령
- 기도의 조건
- 무엇을 위해 기도할 것인가
- 기도의 본

렘 33:3
빌 4:6-7 시 62:8
요 15:7 요 16:24
마 9:37-38 딤전 2:4
마 6:9-13

제4권 그리스도인의 성품

1. 그리스도 안에서의 성장
- 우리의 새로운 생활
- 우리는 어떻게 변화되는가
- 믿음의 생활

벧후 1:3-4
골 2:6-7
갈 5:16 요일 2:6
고후 3:18 빌 2:13
고후 5:7 히 11:6

2. 그리스도를 나타냄
- 행동으로 나타내는 사랑
- 선한 일을 행함
- 겸손의 실행

벧전 2:9-10
요일 3:18 고전 13:4-7
갈 6:9-10 딛 2:14
빌 2:3-4 미 6:8

3. 온전함을 계발함
- 혀의 힘
- 순결이 얼마나 중요한가
- 왜 정직해야 하는가

마 5:48
엡 4:29 시 141:3
살전 4:3-7 딤후 2:22
행 24:16 히 4:13

4. 제자로서의 성장
- 근면과 훈련
- 고난의 목적
- 하나님을 새롭게 발견함

눅 9:23
고전 9:24-27 엡 5:15-17
벧전 1:6-7 히 12:11
시 32:8 롬 12:2

5. 순종과 축복
- 순종에 대한 약속과 축복
- 순종의 모범
- 불순종의 위험

롬 5:19
요일 3:22 창 26:4-5
시 119:59-60 히 11:8
삼상 15:22-23 슥 7:13

제5권 믿음의 기초

1. 하나님은 누구십니까
- 하나님은 어떠한 분이신가
- 하나님은 무엇을 하시는가
- 하나님은 우리에게 무엇을 기대하시는가

골 1:23
참 17:24-25
대상 29:11-13 딤전 1:17
롬 5:8 시 98:9

신 6:5 요 4:23

2. 성령
- 인격이신가 아니면 영향력이신가

요 14:26
요 16:13-14 엡 4:30

- 성령은 하나님이신가
- 성령과 하나님와의 관계
- 우리의 의무

창 1:2 히 9:14
고전 3:16 갈 5:22-23
엡 5:18-21 행 11:24

3. 당신의 적을 아십시오
- 우리의 적은 누구인가
- 사탄의 능력
- 사탄의 전략
- 어떻게 사탄을 이길까

계 12:9
계 12:10 계 20:10
엡 2:2 고후 11:14
엡 6:10-11 고후 11:3
계 12:11 벧전 5:8-9

4. 죄와 승리
- 죄란 무엇인가
- 죄는 어디로 이끌어 가는가
- 죄의 형벌에서 해방 됨
- 죄의 권세에서 해방 됨

롬 6:11-13
사 53:6 약 4:17
살후 1:7-9 요 3:36
롬 5:8-9 롬 8:1
요일 2:1-2 히 10:14

5. 그리스도는 다시 오시는가
- 재림에 대한 약속
- 재림 때 일어날 일
- 주님의 재림이 우리에게 어떤 의미가 있는가

계 22:20
요 14:2-3 약 5:7-8
살전 4:13-18 계 20:12-15

요일 3:2-3 딤후 4:1-2

제6권 봉사에의 성장

1. 다른 사람이 그리스도를 만나도록 도울 것
- 누구의 책임인가
- 어떻게 준비하나
- 접촉하는 방법
- 말씀을 사용할 것
- 그리스도를 소개할 것
- 어떻게 반대 의견을 다룰까
- 빌립에게서 배울 점

벧전 4:10

고후 5:19-20
요 15:16 막 16:15
마 4:19 롬 10:1
행 17:17 행 20:20
히 4:12 사 55:11
행 4:12 고전 1:23-24
엡 2:8-9 요 7:17
행 8:26-35

2. 양육
- 구원의 확신
- 양육이란 무엇인가
- 왜 양육을 해야 하는가
- 다른 사람이 성장하도록 도와주는 방법
- 본을 보여 줄 것

고전 4:15
요일 5:11-12 요 5:24
살전 2:7-8 살전 2:11
골 1:28 살전 3:5

골 3:16 갈 4:19
빌 4:9 고전 11:1

3. 기도의 능력
- 예수님의 중보 기도
- 기도를 막는 것이 무엇인가
- 단체 기도
- 바울의 예
- 지속적인 기도

요 14:13-14
히 7:25 요 17:20
사 59:1-2 막 11:23-24
마 18:19 행 1:14
골 1:9-12 엡 3:14-21
눅 6:12 눅 18:1

4. 성서적인 헌금
- 우리의 소유물
- 선한 청지기가 됨
- 돈을 지혜롭게 사용함
- 어떻게 드리는가

고후 8:9
딤전 6:17 신 8:17-18
고전 6:19-20 롬 14:12
마 6:20 행 20:35
고후 9:7 고전 16:2

5. 세계 비전
- 하나님의 목적
- 우리의 사명

행 1:8
합 2:14 마 28:19-20
딤후 2:2 사 6:8

☐ 네비게이토 출판사 간행물 일람표

	성경 공부	성경 암송	전 도
전도 과정 (새신자) Evangelizing	·인간과 하나님 (한글,영어,중국어) ·그리스도인의 확신 ·그리스도인의 생활 지침 ·그리스도인의 생활 연구 1	·그리스도와의 새출발 5구절 ·그리스도와의 동행 8구절 ·성경암송을 통하여 주님께로 돌아오다 (소 1)	·하나님의 선물인 영생 (한글,영어,중국어) ·생명에 이르는 길 · 어린이 다리예화 전도지 ·생명에 이르는 다리 · 생명의 다리 ·Bridge to Life (영어 전도지)
확립 과정 (제자) Establishing	·그리스도인의 생활연구 2-10 ·그리스도의 제자가 되는 길 1-6 ·묵상을 통한 주제별 60구절 공부 ·2:7 교회 제자 훈련 과정 1-6 ·2:7 시리즈 과정 1-6	·주제별 성경암송 60구절 및 복음카드 ·주제별 성경암송 60구절 (큰 글) ·주제별 성경암송 안내서 1-3권 ·주제별 성경암송 60구절 (중국어) ·주제별 성경암송 DEP 242구절 ·한눈에 보는 DEP 242 ·어린이 성경암송 108구절 및 해설서 ·묵상을 통한 주제별 60구절 공부 ·암송 지갑	·전도를 즐기는 삶 (소 11) ·효과적인 간증 (소 59) ·개인 전도의 방법 ·이렇게 전도하라 ·생명을 구하는 삶 (소 70)
무장 과정 (일꾼) Equipping	·성경공부 인도법 ·네비게이토 성경공부 방법 ·제자 훈련 과정 1-10권 ·예수 그리스도의 생애와 사역 Ⅰ,Ⅱ,Ⅲ ·디모데후서 · 요한복음 · 로마서 ·걸어가도 피곤치 아니하며 ·하나님의 마음에 합한 기도 ·달려가도 지치지 아니하며 ·견고하며 흔들리지 말며	·주제별 성경암송 180구절 및 복음카드 ·한눈에 보는 180구절 ·OYO카드 ·암송 상자 (대, 소)	·전도의 열정 (소 16) ·우리 세대를 위한 창의적 전도 ·전도 성경공부를 인도하는 방법 ·소그룹을 통한 효과적 전도

	하나님과의 교제	사역 및 선교
전도 과정 (새신자) Evangelizing	·하나님과 함께 7분간 ·성경читп기도 ·일년에 한 번 성경읽기 계획 ·참 좋으신 하나님 아버지 (소 72)	·전도를 즐기는 삶 (소 11) ·전도의 열정 (소 16) ·개인 전도의 방법 ·이렇게 전도하라 · 우리 세대를 위한 창의적 전도 ·전도 성경공부를 인도하는 방법
확립 과정 (제자) Establishing	·경건의 시간 · 경건의 일기 ·수레바퀴 예화 (소 4) ·기도 응답을 받는 방법 (소 9) ·말씀의 손 예화 (소 20) ·말씀 중심의 삶 (소 24) ·기도의 특권을 누리다 (소 33) ·경건의 시간을 갖는 법 (소 42) ·하나님의 말씀은… (소 46) ·기도 - 보이지 않는 적과의 싸움 (소 58)	·감격하며 살아야 할 그리스도인 (소 60) ·묵상 · 응답받는 기도 ·효과적인 기도 ·하나님께서 들으시는 기도 ·찬양의 31일 ·기도의 31일 ·이야기로 배운 성경 ·Quiet Time으로의 초대 ·기도의 본 (소 68)	·시대의 요청 (소 2) ·재생산을 위한 출생 (소 3) ·일대일 사역 (소 5) ·양육 (소 37) ·배우는 자로 살자 (소 37) ·약속을 주장하는 삶 (소 41) ·그리스도인의 삶의 올바른 동기 (소 55) ·제자삼는 삶의 동기력 (소 57) ·영적 재생산의 삶	·거듭난 삶 ·그리스도인 성장의 열쇠 ·진정한 그리스도인 ·구원의 확신 ·훈련으로 되는 제자 ·제자의 삶 ·제자가 되는 길 ·디모데 원리 ·제자의 도 - 대가와 상급 ·예수님과 함께 가는 제자의 길
무장 과정 (일꾼) Equipping	·경건한 생활 관리 ·하나님의 마음에 합한 기도* ·찬양 ·하나님을 만나는 기도 ·삶으로 이어지는 성경 읽기 ·하나님의 속성을 경험함* ·하나님의 임재를 경험함* (*표시는 성경공부 교재)	·기도의 하루를 보내는 방법 (소 8) ·약속을 주장하는 기도 ·하나님의 임재를 즐기는 삶 ·완전한 사랑 ·하나님과의 친밀함 ·참 특이한 기도 (소 64) ·다윗의 한 가지 소원 (소 69)	·제자삼는 사역의 기술 ·당신도 영적 지도자가 될 수 있다 ·동기를 부여하는 지도자 ·추수하는 일꾼 ·소그룹 인도법 ·성공적인 소그룹 만들기 ·사도행전 속의 제자 훈련	·타문화권 선교 ·불타는 세계비전 ·제자 배가의 원리 ·지도자 바울 ·예수님의 선교 ·본이 되는 지도자 ·인도 : 삶으로 전달되는 지혜 ·영적 재생산의 삶

네비게이토 출판사 간행물 일람표

제자의 도

확립 과정

- 제자의 특징 (소 6)   · 열심 (소 21)
- 서로 돌아보아 (소 28)
- 청년의 시기를 어떻게 보낼 것인가 (소 40)
- 내가 배운 교훈들 (소 45)
- 나를 기뻐하시며 사랑하시는 하나님 (소 56)
- 믿음의 경주 (소 61)
- 하나님께서 쓰시는 사람 (소 67)
- 순종의 축복 (소 71)
- 하늘에 보물을 쌓는 삶 (소 73)
- 날마다 제 십자가를 지고 (소 76)
- 제자의 올바른 태도 (소 77)
- 제자의 도 - 대가와 상급
- 한 여인이 걸어온 제자의 길
- 넘치는 은혜, 변화되는 삶
- 능히 이루시는 하나님
- 날마다 승리하는 삶
- 날마다 자신에게 복음을 전하라
- 주님과 동행하는 기쁨
- 순종 - 참자유에 이르는 길
- 영원한 세계를 바라보며
- 영적 전쟁의 성서적 원리
- 이 세대를 본받지 말라
- 일상의 풍랑에서 제자로 사는 삶
- 어부 시몬, 예수님의 제자가 되다
- 영적 훈련   · 그리스도의 주재권
- 그리스도인의 친구 사귀기
- 늘 새롭게 하시는 주님
- 진정한 교제
- 차고 넘치는 삶
- 하나님의 사랑을 갈망하며
- 헌신의 위력
- 하나님의 속삭임
- 그리스도 안에 거하는 기쁨
- 제자의 삶을 위한 매일의 말씀
- 복음의 능력
- 하나님의 능력을 경험하는 삶
- 주님께서 주신 축복들
- 우리의 마음은 무엇에 지배되어야 하는가
- 요셉의 길

무장 과정

- 하나님의 뜻을 아는 법 (소 7)
- 최후의 승리를 얻기까지 (소 15)
- 조지 뮐러 (소 23)
- 고난 중 도우시는 하나님 (소 32)
- 하나님을 의뢰함 (소 35)
- 배우는 자로 살자 (소 37)
- 합력하여 선을 이루시는 하나님 (소 38)
- 모세의 순종 (소 65)
- 개인의 중요성 (소 43)   · 헌신 (소 44)
- 그리스도인의 삶의 올바른 동기 (소 55)
- 사도 바울의 영적 지도력 (소 62)
- 주님의 부르심을 받아들이는 삶 (소 78)
- 견고하게 평생 지속해야 할 일 (소 79)
- 믿음의 선한 싸움
- 구약에 나타난 그리스도
- 그리스도 제자의 다섯 가지 기본 신념
- 주여, 이 아픔을   · 하나님을 의뢰함
- 헌신의 위력   · 새 언약
- 올바른 생각 - 영적 성장의 기초
- 내 원대로 마옵시고   · 도슨 트로트맨
- 이 시대의 가치 있는 삶
- 거룩하고 아름다운 동행
- 하나님의 사람의 특징   · 겸손의 축복
- 믿음의 발자취   · 성경 속의 리더십

인격 계발

확립 및 무장 과정

- 섬김을 위한 부르심 (소 12)
- 정직 (소 13)
- 그리스도를 닮아 감 (소 14)
- 영적인 의지력 (소 17)
- 사고방식의 변화 (소 18)
- 대인 관계의 성서적 지침 (소 19)
- 경건이란 무엇인가? (소 30)
- 은혜로운 말 (소 34)
- 고난 중의 소망 (소 39)
- 외로움을 느낄 때 (소 49)
- 거룩 (소 74)
- 말 · 덕이 되는 말, 해가 되는 말
- 거룩한 삶의 추구
- 경건에 이르는 연습
- 위로부터 난 지혜
- 주여, 지혜를 가르치소서
- 걸어가도 피곤치 아니하며*
- 견고하며 흔들리지 말라*
- 달려가도 지치지 아니하며*
- 영적 지도자의 자질 'FIDELIS'
- (*표시는 성경공부 교재)

직장 생활

- 권위와 복종 (소 31)
- 어떻게 친구를 사귈 것인가 (소 48)
- 하나님께서는 당신의 직업을 귀히 여기신다 (소 50)
- 직장 생활에서 낙심될 때 (소 52)
- 스트레스를 다루는 법 (소 53)
- 당신의 직업 - 생존이냐 만족이냐
- 정직, 도덕 그리고 양심
- 중년기와 그리스도인
- 직장 생활과 그리스도인
- 직장 여성의 영적 생활 일기

결혼 및 가정

- 경건한 여인 (소 10)
- 원만한 결혼 생활 (소 22)
- 친밀한 부부 관계의 원리 (소 36)
- 현숙한 여인 (소 47)
- 자녀의 자부심을 키워 주는 법 (소 51)
- 부모 의견이 엇갈릴 때 (소 54)
- 상급으로 주신 자녀 (소 66)
- 사랑 그 이상의 결혼
- 날마다 하나님을 만나는 가정
- 서로 세워 주는 부부
- 중년기와 그리스도인
- 진정한 자녀 사랑
- 행복한 주부, 행복한 가정*
- 둘이 한 몸이 될지니라*
- 가정을 위한 하나님의 계획 1-4권*
- 성경 속의 어머니들
- 자녀 양육 - 그 고귀한 부르심
- CARE : 서로 보살피는 부부 (소 63)
- 가정의 중요성 (소 75)
- (*표시는 성경공부 교재)

바인더 / 노트

- 바인더 시리즈 S-1,2,3
- 바인더 시리즈 P-1,2, D-1, L-1
- 바인더용 내지 (유선,무선,색상지)
- 바인더용 인덱스 (4조,6조,7조)
- 보호판   ·자 (20cm)
- 기도노트 양식지
- 바인더용 경건의 일기
- 영적 성장 노트   · 미누수첩
- 감사 노트
- 찬양 노트

찬양 / 카드

- 기도하며 찬양하며
- 카드 시리즈

수첩 및 달력

- 수첩 리필 (대, 소)
- Appointment Diary
- 주제별 성경암송 달력

네비게이토 출판사에서 발행하는 모든 서적은
사람들을 그리스도께 인도하는 **전도 과정**,
그리스도인으로서의 성장을 돕는 **확립 과정**,
성숙과 지도력을 훈련하는 **무장 과정**을 다루고 있으며,
다음과 같은 네 가지 요소에 중점을 두고 있습니다.

1. 하나님 말씀에 기초를 둔 학습
2. 삶에서의 적용
3. 점진적인 개인 훈련
4. 배가를 위한 도전

네비게이토 출판사 ⓒ 2025

Tel (02)334-3305(대표) 334-3037(주문) Fax 334-3119
홈페이지 https://navpress.co.kr